O, flexamina atque omnium regina rerum, oratio

EL PASEO Y PARQUE DE RECAREDO

José Luis Isabel

EL PASEO Y PARQUE DE RECAREDO

Editorial LEDORIA
J   M   R

I.S.B.N.: 978-84-19887-49-8
Depósito Legal: TO-297-2024
© Del Texto: El autor
© De la edición: Editorial LEDORIA-Jesús Muñoz Romero
* Calle del Conde de Casal, núm.47
Las Ventas con Peña Aguilera (Toledo)
* Calle de la Fuente del Moro, núm. 6
Toledo
Teléfono: 925 25 13 81
Correo electrónico de contacto: info@editorial-ledoria.com
www.editorial-ledoria.com

Diseño de la portada: Equipo de la editorial Ledoria
Fotografía de la portada: Fondo de editorial Ledoria

Teniendo en cuenta que el conocido como paseo de Recaredo —así figura en el callejero toledano— tiene una mayor antigüedad que la zona ajardinada a él anexa, el autor ha preferido dar este nombre exclusivamente a la carretera y aceras construidas sobre el camino posteriormente convertido en paseo, y destinar el de Parque de Recaredo al actual jardín e instalaciones en él incluidas.

1

EL PASEO DE RECAREDO

DE CAMINO DE RONDA A PASEO

Desde antiguo, las pendientes que desde la ciudad descienden hacia el actual paseo de Recaredo han sido aprovechadas para arrojar por ellas escombros y basura. Estos vertidos se habían realizado durante largo tiempo desde la Subida de la Granja, pero el peligro que suponía para la muralla la presión que internamente ejercían sobre ella obligaría a prohibirlos y a utilizar el exterior, llegando estos desechos a ocultar parte de la muralla y la mitad de la altura real de la puerta de Alfonso VI y del baluarte situado a su derecha, visto desde el exterior. En el paseo terminarían los restos de la multitud de conventos, iglesias y otros edificios demolidos durante la desamortización de mediados del siglo XIX, como también los producidos posteriormente por la destrucción del Alcázar durante la Guerra Civil.

En abril de 1587 el camino tuvo un observador especial, el rey don Felipe II, que había llegado a Toledo para recibir los restos de santa Leocadia, patrona de Toledo, que llegaban a la ciudad procedentes de Flandes. El monarca presenció desde las ventanas del palacio de Vargas los actos que en homenaje a la santa tuvieron lugar en la basílica que llevaba su nombre.

A lo largo del tiempo este terreno fue parte de la ronda exterior, que no era en realidad tal tipo de camino al estar interrumpido por la muralla a la altura de la puerta del Cambrón, que cortaba el paso hacia el puente de San Martín.

Quienes llegaban del norte y se dirigían al sur se veían obligados a penetrar en la ciudad por la puerta de Bisagra o la del Cambrón para así poder acceder al otro lado del río Tajo a través del

Vista del camino bajo la muralla que conducía a la puerta del Cambrón.
En la parte superior izquierda el palacio de Vargas (Anton Wyngaerde. 1563).

puente de San Martín. Hasta mediados del siglo XIX, la muralla de la ciudad discurría desde la puerta del Cambrón hasta los torreones y defensas situados en la acera derecha, a partir de la actual sede de FEDETO. Surgió entonces la idea de crear un verdadero «paso de ronda» para agilizar el paso de mercancías y ganados que no tenían su destino final en la propia ciudad.

Hasta este momento, el actual paseo de Recaredo se había conocido con el nombre común de Ronda, dándosele en ocasiones los de Paseo del Cambrón o Ronda del Cambrón. En 1851 surgió la idea de derribar la parte de muralla que impedía la continuación del camino, que dos años después quedó expedito, utilizándose el de Ronda Nueva cuando parte de la muralla fue derribada en 1853, y con este mismo nombre aparecía en el plano de Toledo obra de Coello e Hijón (1858) y en el nomenclátor de 1864.

Fue en este último año cuando se terminaron las obras y cuando el Estado aprobó un Plan de Carreteras, que incluía la ejecución en Toledo de una carretera de tercer orden hasta Navalpino (Ciudad Real), que nacería en la puerta de Bisagra para rodear la ciudad hasta el puente de San Martín y cruzar el Tajo. Con el fin

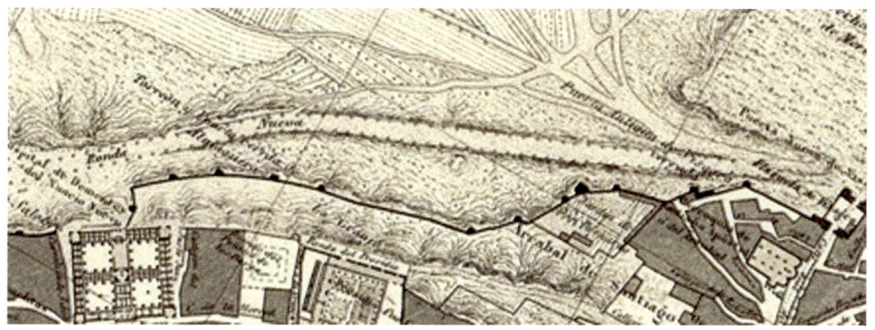

La Ronda Nueva en el plano de Coello e Hijón.

de hacer más fluido el paso por el puente de San Martín, desapareció el fielato que había en él y se construyó uno nuevo en sus proximidades, que se mantendría en pie hasta 1967, en que sería demolido.

Los comentarios que siempre se vertían sobre el paseo eran acerca de su abandono. En 1889 se informaba de las obras realizadas en *el terraplén de la ronda de la puerta de Visagra a la del Cambrón, por cuyo medio se le ha dado gran ensanche y*

Puerta de arbitrios de San Martín hacia 1900 (Archivo Municipal de Toledo).

aseo a aquellos sitios, que eran antes inmundos muladares[1]. En 1901 se comenzó a instalar la iluminación eléctrica y dos años después un derrumbe de diez metros de la muralla lo cubría de escombros, obstaculizando el paso de los viandantes. Durante mucho tiempo acogería las ferias de ganado en el tramo más próximo a la puerta de Alfonso VI.

Sería en 1916 cuando el Paseo recibió un gran impulso al dársele nombre y, con ello, importancia, habiendo de agradecérsele esta labor al afamado pintor Ricardo Arredondo (1850-1911). Hijo de militar, había llegado a Toledo siendo un niño para tratar de ingresar en la Academia de Infantería, lo que no consiguió, por lo que se dedicó a la pintura, recibiendo clases de Matías Moreno. Natural de Teruel, demostró un gran amor por Toledo y mantuvo una estrecha relación con destacados personajes de aquella época, como Galdós, Vicente Cutanda, Fortuny, Aureliano de Beruete y Rodrigo y José Amador de los Ríos, entre otros. Vivía en el palacio renacentista de los Adrada, situado en la Plazuela de las Carmelitas Descalzas, con parte de la muralla y vistas al Paseo del Cambrón.

Desde el torreón inmediato al de los Abades contemplaba el trabajo de los canteros que labraban la piedra en aquellos terrenos, oía las imprecaciones de los carreteros que transportaban harina a la Casa del Peso, inmediata a la vivienda de Arredondo, y se la-

Torreón de la casa de Arredondo, junto al de los Abades.

---

[1] *El Nuevo Ateneo*, 1 de mayo de 1889.

mentaba de ver tan queridos lugares convertidos en un vertedero público y de que los toledanos temiesen recorrerlos de noche por falta de una luz que les iluminase el camino.

Designado por la Comisión de Monumentos, Arredondo intervino en 1907, junto con el coronel Manuel Castaños Montijano (1852-1929), y bajo la dirección técnica del arquitecto Ezequiel Martín, en la restauración de la puerta de Alfonso VI[2].

Arredondo había sido entre 1891 y 1893 años concejal del Ayuntamiento de Toledo, y de él decía la revista *Toledo* que siendo concejal y habiéndose propuesto el Ayuntamiento convertir en paseo los terrenos de la Ronda del Cambrón, fue quien se encargó de las obras[3]. No se ha encontrado en las actas del período en que Arredondo perteneció al Ayuntamiento referencia alguna a este proyecto, ni de que se le hubiese encargado dirigirlo. Es muy probable que Arredondo se preocupase de dicha Ronda, dada la proximidad a su vivienda, y que de él partiese la idea de ajardinar parte de aquellos terrenos, aprovechando un ensanchamiento que había en la parte central de los mismos.

NACE LA RONDA DE RECAREDO

En la sesión del 19 de julio de 1916, la Comisión de Arte presentó un informe en el que proponía la modificación de algunos nombres de calles, a las que se daría el de personas ilustres. Se aprobó dicho informe, que debería pasar a la Comisión de Policía Urbana a fin de que se anunciasen los cambios al público con objeto de recibir reclamaciones. Enseguida, la revista *Toledo* informó del cambio de nombres, entre los que figuraba: *El paseo que comienza en Visagra y termina en el Cambrón: «Ronda de Recaredo[4]»*.

---

[2] Ezequiel Martín y Martín (1850-1932) sería años más tarde uno de los fundadores de la Real Academia de Bellas Artes y Ciencias Históricas de Toledo.
[3] Toledo, 15 de diciembre de 1916.
[4] *Toledo, Revista de Arte*, 30 de julio de 1916.

José Luis Isabel

En la revista *Toledo*, en un número dedicado a Arredondo, hubo quien se dirigió así al Ayuntamiento: *Suplicamos se digne honrar la memoria del ilustre artista D. Ricardo Arredondo, poniendo su nombre al paseo del Cambrón, que él dirigió. Tiene la palabra la Corporación municipal*[5].

No parece ser que el nombre de ronda de Recaredo fuese aceptado, pues los toledanos continuaron usando los antiguos[6].

En enero de 1921 apareció por fin el nombre de paseo de Recaredo —no el de ronda de Recaredo— en la prensa, al referirse a una visita que don Alfonso XIII había hecho a Toledo, en la que se dirigió a San Juan de los Reyes siguiendo este camino, itinerario que repetiría en alguno más de sus viajes a la Ciudad Imperial y que, se supone, obligaría al Ayuntamiento a mantener el camino en condiciones[7].

En octubre, la Comisión Tercera solicitó al Pleno la aprobación de las obras de enarenado del Paseo del Cambrón y la reparación de algunos bancos.

En 1922 aumentó la confusión, al presentarse al Pleno del Ayuntamiento una moción en la que se pedía, como justo homenaje al pintor Ricardo Arredondo, *dar su nombre al paseo situado delante de la puerta del Cambrón, llamado de los Melancólicos, el cual contribuyó al embellecimiento de dicho paseo. Terminaba la moción aclarando que la Ronda que lleva el nombre de Recaredo nada tiene que ver con dicho paseo.* Creemos que el concejal del que partió la idea se refería al jardín[8].

En ese mismo año se solicitaba en un Pleno el arreglo del *camino que conduce desde la Puerta de Visagra a la llamada Nueva.*

---

[5] *Toledo, Revista de Arte*, 15 de diciembre de 1916.

[6] En 1917, cuando en él se montó la Exposición de Maquinaria, se le llama «Paseo del Cambrón»; «Camino del Cambrón» le llama el Ayuntamiento en 1919; en 1920 se perdió un pendiente en el «Paseo del Cambrón».

[7] *El Castellano*, 21 de enero de 1921.

[8] Acta del 31 de mayo de 1922. Todo parece indicar que la propuesta hecha en 1916 quedó reducida tan solo a eso, y que no se aprobó dar el nombre del pintor al paseo.

El paseo y parque de Recaredo

En 1923 se procedió a allanar la carretera que desde la puerta de Bisagra se dirigía a la del Cambrón, construyendo bajo ella un túnel de acceso a la de Alfonso VI, que sería derribado en 1977, dejando completamente visible la misma.

Túnel bajo la carretera de Navalpino (Foto Rafael del Cerro. 1977).

A partir de 1923 el nombre parece estabilizarse, como lo prueba que la prensa se refiriese a la ronda de Recaredo al dar noticia de la aparición de un boquete en la muralla bajo el edificio del Nuncio Viejo, o al mal estado del camino, que los periodistas consideraban que *está imposible y que, siendo sitio de muchísimo tránsito de automóviles y carruajes, debe atenderse con más cuidado, por ser además lugar por el que pasea muchísimo público, que tiene que respirar el polvo que levantan los vehículos*[9].

---

[9] *El Zoco*, 23 de mayo de 1923.

El paraje había comenzado a ser frecuentado por turistas, que desde él admiraban las puertas y murallas.

El estado del paseo no debió de preocupar mucho al Ayuntamiento, pues el año siguiente los ciudadanos se quejaban de que *está obstruido por montones de piedra y tierra, por lo que no se puede caminar por él*[10].

Casas adosadas a la muralla.

Adosadas a la muralla habían ido apareciendo diversas edificaciones levantadas sobre suelo municipal. Una de ellas era utilizada como garaje de los automóviles de la línea Sonseca-Ajofrín-Burguillos, empresa también dedicada a mudanzas y transportes, y convertidos más tarde en taller de reparaciones de la marca Citroën. A su lado surgiría un taller de maderas y algunas viviendas, que habría que desalojar del antiguo camino, que en 1927 todavía era llamado Ronda del Cambrón, nombre que se añadía al de Paseo de Recaredo en el anuncio de Maderas Viuda de Juan Galiano, para que no hubiese lugar a dudas[11]. En esta zona se

---

[10] *El Castellano*, 21 de mayo de 1924.
[11] La casa de dos plantas pegada a la puerta era el domicilio y almacén de vinos de Antonio Mancebo.

hallaba también una caseta de Obras Públicas, derribada en los años 70, junto con la mayor parte de las edificaciones anteriores.

En el centro del paseo, casi pegado a la muralla, se encontraba una especie de abrevadero conocido como Fuente Salobre, en alusión a las características del agua que de ella brotaba. Se comunicaba con el interior de la ciudad por medio de un estrecho callejón que atravesaba la ruinosa muralla, cuya superficie sería absorbida por el hospital del Nuncio y el Convento de Carmelitas, una vez se tapió la entrada antes de 1926[12].

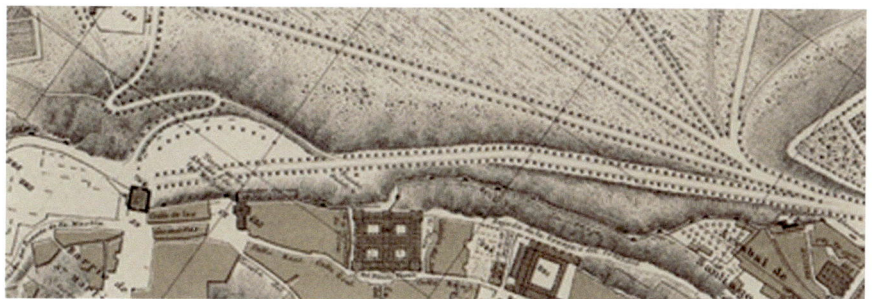

La Fuente Salobre en el Paseo de Recaredo (Reinoso. 1882).

Por fin, en 1930 se iniciaron las obras de hormigón blindado y adoquinado de la todavía conocida como carretera de la Ronda, entre la puerta de Bisagra y el puente de San Martín, interrumpidas en varias ocasiones durante la República, que borró del callejero el nombre de Jardines de Arredondo, a pesar de haber sido éste afecto al nuevo régimen.

En 1934 se solicitó en un Pleno del Ayuntamiento que se mejorase el estado del Paseo y al año siguiente se hicieron en él obras de escasa importancia.

Siendo un lugar bastante aislado, sería elegido, como el paseo del Tránsito y otros en Toledo, por los milicianos del Frente Popular en 1936 para fusilar a detenidos del bando contrario. En las proximidades de la fuente Salobre serían asesinados el hijo del coronel Moscardó y el deán de la Catedral, José Polo Benito, entre otros

---

[12] *Las calles de Toledo* (SILVA, callejón sin salida).

muchos. El lugar sería recordado mediante un sencillo monumento diseñado por el coronel Lagarde, con restos del Alcázar[13].

Terminada la guerra, el paseo iría, poco a poco, mejorando su aspecto, aunque no se pudo impedir que se siguiese utilizando para el vertido de escombros. Comenzaron a instalarse bares en sus proximidades y se autorizó un puesto de venta de churros, con la condición de que solamente se utilizase butano en su confección.

En 1942 se dedicó dinero para la restauración de las murallas proveniente del presupuesto de Ciudades Monumentales.

Todavía en 1946 declaraba la viuda de Galiano que los almacenes y garaje de su propiedad tenían una gran afluencia de carruajes y caballerías, y se quejaba de que la zona de la glorieta se encontraba sin urbanizar, pidiendo la consolidación del suelo con cemento y que se recogiese el agua sobrante de la fuente al suponer un peligro cuando se helaba al llegar el invierno.

En los años setenta se dotó al paseo de nueva iluminación y se instalaron en él bocas de riego.

Preocupado el Gobierno de la Nación por la conservación de la muralla entre las puertas del Cambrón y de Alfonso VI, y reconociendo que formaba parte de la fachada urbana de la ciudad, a la que servía de monumental zócalo, en diciembre de 1972 aprobó

---

[13] El coronel Eduardo Lagarde Aramburu, militar y arquitecto, estuvo al frente del Servicio de Regiones Devastadas en Toledo. Fue responsable de la restauración de numerosos monumentos toledanos destruidos durante la guerra o abandonados por falta de medios, como el Alcázar, San Juan de los Reyes, Santa Clara, la Concepción Franciscana, el hospital de Santa Cruz, San Lucas, San Miguel, Santa Isabel, el castillo de San Servando o la plaza de Zocodover.

un decreto destinado a su mejora, que debería comenzar por el derribo de varias edificaciones a ella adosadas, que la ocultaban parcialmente[14]. En enero de 1973 se declaró la expropiación forzosa de las casas número 6, propiedad de Eugenio Mancebo; números 12, 14 y 16, propiedad de Saturnino Ruiz Alconchel; y número 18, propiedad de Guadalupe Romero.

En ese momento se estaban realizando obras de ordenación y restauración de ese sector de la ciudad, con un paseo ajardinado y un mirador desde el que se podía observar la panorámica del río y la Vega Baja[15].

Se continuó con las expropiaciones, y en marzo de 1976 le fue comunicada a José María Garrigós Pina, inquilino del número 12, pero esta edificación no se podría derribar hasta 1994.

En 1977 Obras Públicas eliminó la masa de tierra y escombros que tapaba los lienzos y torreones de la muralla, dejándolos al descubierto.

El auge del paseo animó al Ayuntamiento en los años 80 a pensar en el traslado a él el mercadillo del «Martes», entonces en el paseo del Carmen, siempre que dispusiese de un kiosco que ofreciese servicio de bar e higiénicos, pero al final sería llevado al paseo de Merchán.

También se pensó en crear un museo al aire libre, debiendo ser la obra de Chillida *Lugar de encuentros* la que lo inaugurase. Se opuso a ello el Centro de Estudios sobre el Patrimonio Artístico, que aprovechó para denunciar el abandono en que la Administración mantenía a la ciudad de Toledo.

En 1983 se presentó en el Pleno del Ayuntamiento una propuesta para que fuese derribado parte del lienzo de la muralla a la derecha de la puerta del Cambrón, visto desde el exterior, con el fin de abrir una puerta para uso de vehículos, evitando así su paso por ella y, por consiguiente, el daño que causaban. La propuesta sería desestimada.

---

[14] Decreto 3526/1972, de 7 de diciembre.
[15] La muralla se había declarado monumento nacional por real orden del mes de diciembre de 1921.

La estatua de Chillida en el paseo a la espera de ser colocada.

En estos años comenzaron las obras de iluminación artística de la muralla, que fueron inauguradas en 1984 y que volvería a sembrar de escombros el paseo durante dos largos años.

El Ayuntamiento dio el visto bueno en abril de 1991 a la construcción de un aparcamiento subterráneo en el comienzo del paseo, y en ese mismo año se aprobó un proyecto de reacondicionamiento del mismo.

En estos años vio la luz un Plan de Restauración Global de las Murallas, subvencionado por el Ayuntamiento de Toledo, la Junta de Comunidades de Castilla-La Mancha y la Fundación Caja Madrid, con la que el Ayuntamiento había firmado un convenio que comenzaría a aplicarse a partir de 1995[16]. En la restauración de gran parte de la muralla intervino la Escuela Taller Adarves.

En 1993 se reanudaron las expropiaciones de casas próximas a la muralla del paseo, que se aplicaron a la casa-garaje de los sucesores de Juan Galiano y a los números 12 y 14, propiedad de Saturnino Ruiz Alconchel, al que, por lo visto, no se le habían

---

[16] En 2006 se renovaría el citado Convenio, dirigido a la conservación y difusión del patrimonio de las murallas.

expropiado en 1973. En ese año, el Ayuntamiento aprobó un presupuesto destinado al alumbrado público del paseo, que se realizaría dos años más tarde. Un año después se pudieron expropiar las dos viviendas anteriores, que todavía permanecían adosadas a la muralla, arrendadas a un vecino en situación de precario.

Tras los trabajos de restauración realizados en años anteriores, la Escuela Taller advirtió en 1997 sobre el «alarmante estado» de deterioro de alguna parte de la muralla, por lo que se asignaron 58 millones de pesetas para repararla.

La construcción de un garaje subterráneo, seguido por la del remonte mecánico, en el año 2000, que salvaba la diferencia de nivel que había con el palacio de la Diputación, dio nueva vida a esta zona de Toledo.

Dentro del Programa de Renovación del Centro Histórico de Toledo, en 2001 se iniciaron las obras de ordenación del eje urbano del paseo, encomendadas a la Empresa Municipal de la Vivienda de Toledo S.A., creándose una amplia zona peatonal y plantándose diversas especies de árboles y arbustos. Sólo quedaba entonces en pie el garaje próximo a la Fuente Salobre, que fue derribado tras el pago de una cuantiosa indemnización. El terreno liberado sirvió para formar una plazoleta, cuyo centro lo ocupaba dicha fuente. Un año después se construyeron las aceras a ambos lados del paseo en su tramo final. Las obras, que se extendían desde el aparcamiento subterráneo hasta la puerta del Cambrón, se ejecutaron con financiación del Banco Europeo de Inversiones.

En 2009 se procedió a la adecuación del entorno urbano del paseo de Recaredo y la bajada de San Martín. Se mejoraría el parque en 2018 con la plantación de veinte granados (*Punica granatum*) y tres almeces[17].

Antes de finalizar 2021, la alcaldesa Milagros Tolón anunció a través del Plan Impulsa Patrimonio del Ministerio de Industria, Comercio y Turismo, la cantidad de tres millones de euros, que

---

[17] En esta zona del Parque crecen los cuatro únicos almeces que viven en él.

Hilera de granados bajo el huerto del convento de Carmelitas.

se invertirían en *la regeneración de miradores y jardines histó-ricos de La Vega y los paseos de Sisebuto y Recaredo.*

Por otra parte, al presentar los presupuestos municipales para 2022, la alcaldesa dio a conocer que, dentro del Plan de Sostenibi-lidad Turística, se destinarían 7,5 millones de euros para recuperar zonas muy sensibles de la ciudad, entre las que se encontraba el parque de Recaredo. Esa inversión será muy de agradecer, dado el estado de postración en que se encuentra el parque.

La última actuación sobre el parque ha sido la instalación de una nueva pista polideportiva, en sustitución de otra anterior, muy deteriorada.

El paseo y parque de Recaredo

Siendo el parque un lugar agradable, no es muy visitado por los toledanos, acudiendo sólo a él los vecinos para pasear a sus perros. La pista deportiva está casi siempre desierta y únicamente le da vida la terraza Recaredo.

Como recuerdo de tiempos pasados, permanecen en el parque los primitivos bancos de piedra y un mojón de la carretera de Navalpino.

Las estatuas de los reyes godos y cristianos

El que al fondo del parque se levantase un monumento con la estatua de un rey godo podía hacer suponer que éste fuese Recaredo, y que de ahí proviniese su nombre, al igual que ocurría en el paseo de Sisebuto, en el que se encuentra la estatua de este monarca, pero no es así.

Las estatuas de los reyes visigodos habían servido de adorno al Palacio Real desde tiempos de Felipe V, quien había mandado esculpir un centenar de ellas. Desalojadas por Carlos III del lugar que ocupaban, fueron depositadas en tierra en las proximidades del palacio y algunas de ellas llevadas años más tarde a diferentes ciudades españolas, llegando ocho a Toledo en 1787: Alfonso VI, Alfonso VII, Alfonso VIII, Recaredo, Recesvinto, Sisenando, Sisebuto y Wamba. El impulsor del traslado fue el cardenal Lorenzana, que contó con la ayuda de Antonio Ponz y encargó la construcción de las peanas. Las estatuas fueron colocadas en diversos lugares de la ciudad, habiendo sido Ponz quien propusiese al Cardenal cuáles habían de ser éstos: *El espacio delante del Alcázar, el que hai entre la pta. de Visagra y el hospl. de fuera, el de enfrente la pta. del Cambrón, la salida para Aranjuez y el paseo de la Vega.*

Finalmente serían colocadas en las puertas de Bisagra y del Cambrón, en el puente de San Martín, en el Alcázar y en el paseo de la Rosa, variando la ubicación de las mismas con el paso del tiempo. Actualmente, la de Sisenando se encuentra en el parque de Recaredo, pues la de este rey, colocada en 1867, junto con la de Recesvinto, a ambos lados de la puerta principal del Alcázar, resultó destruida al derribarse la fachada norte durante el bombardeo que sufrió al inicio de la Guerra Civil.

Estatua de Sisenando y leyenda del pedestal[18].

---

[18] La imagen que se ofrece de la placa del pedestal ha sido retocada, pues, además de estar deteriorada, luce actualmente una pintada, obra del cretino de turno.

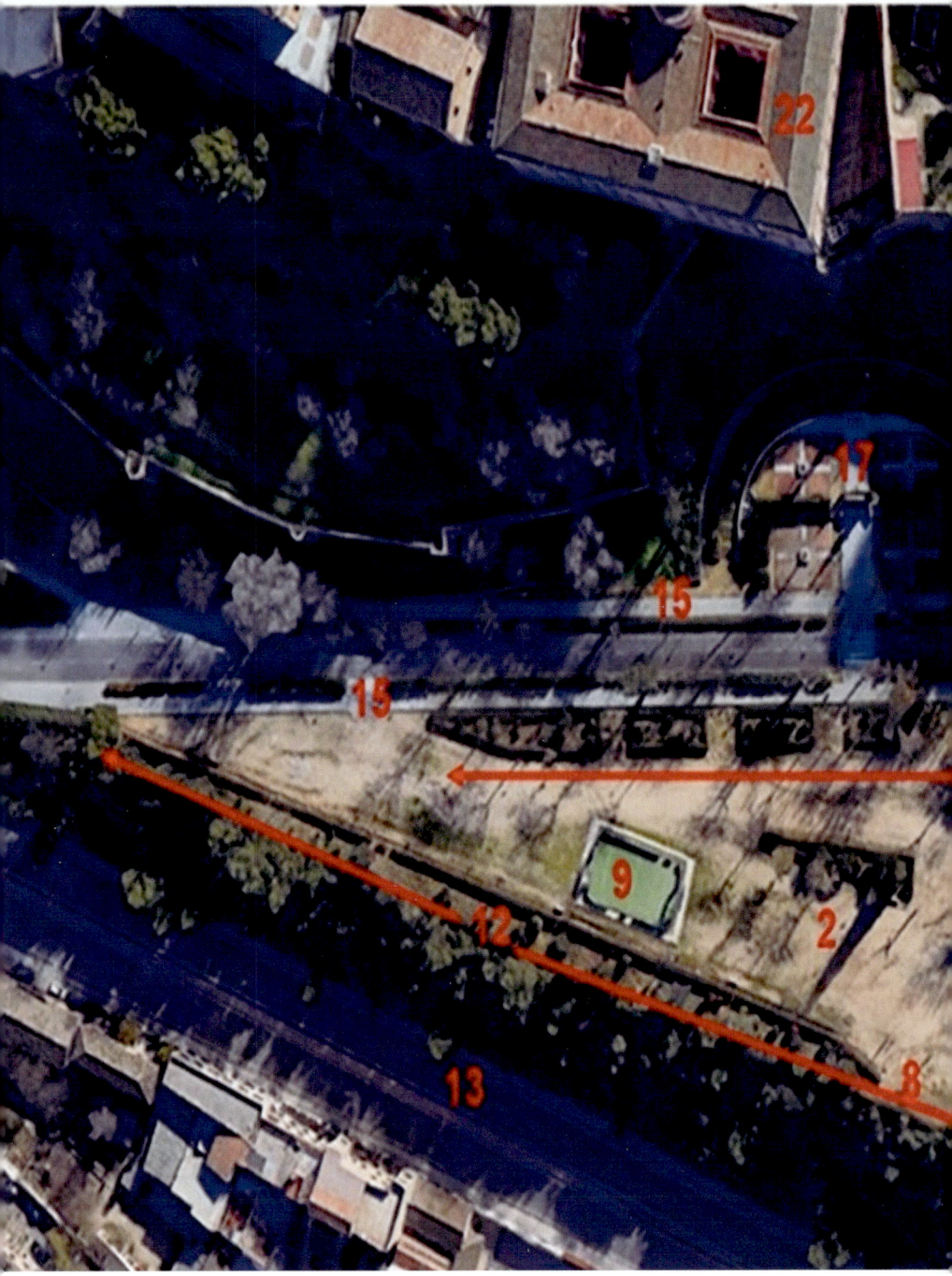

1 a 5 Setos
6 Monumento asesinados
7 Estatua de Sisenando
8 Mirador
9 Pista deportiva

10 Terraza Recaredo
11 FEDETO
12 Seto
13 Avenida de la Cava
14 Acceso a la Fábrica de Armas

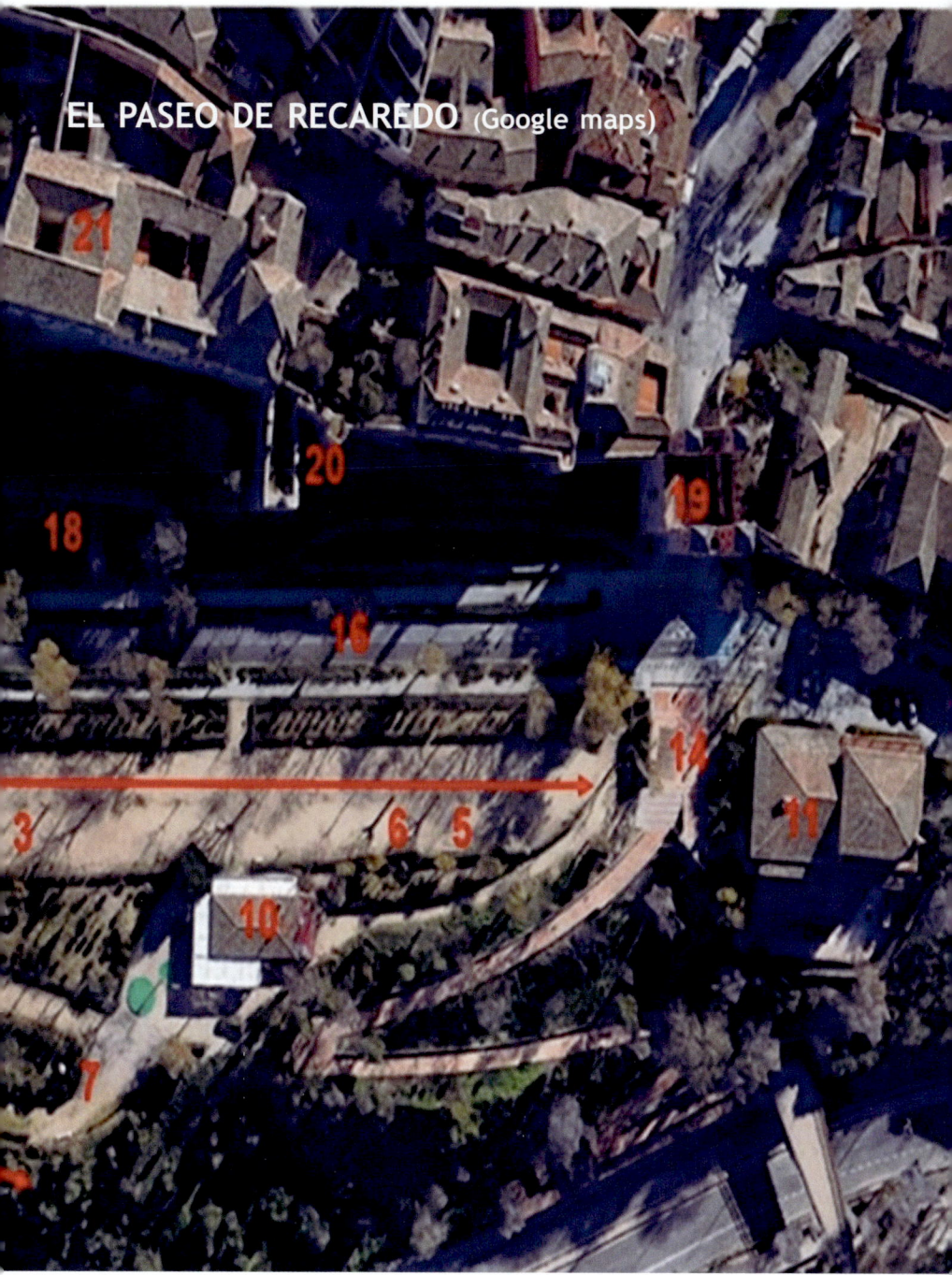

EL PASEO DE RECAREDO (Google maps)

15 Aceras
16 Carretera
17 Fuente Salobre

18 Hilera de granados
19 Puerta del Cambrón
20 Torreón de los Abades

2

EL PARQUE DE RECAREDO

De jardín a parque

El parque se inicia en el tramo de la carretera una vez pasado el aparcamiento subterráneo y se extiende hasta llegar a la sede de la Federación Empresarial Toledana (FEDETO). La carretera lo divide en dos partes, dejando a su costado izquierdo un pequeño jardín, alrededor de la fuente Salobre.

La Fuente Salobre.

La referencia más antigua de que disponemos sobre el estado de la actual carretera se encuentra en el plano de Coello e Hijón (1858), en el que aparece bordeada de árboles. Esta información se puede ampliar a la vista de las imágenes existentes de finales del XIX y comienzos del XX, en las que aparece un arbolado a lo largo del recorrido.

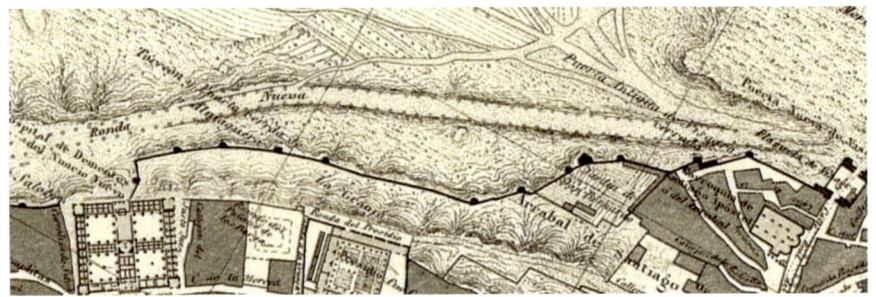

Detalle del plano de Coello e Hijón.

No parecen dar la razón estas imágenes al artículo «Los viejos olmos de Toledo», en el que su autor dice que a partir de 1781 fueron plantados olmos, donados por Carlos III y traídos a Toledo por el cardenal Lorenzana, en diversos lugares de la ciudad, entre ellos el paseo de Recaredo[19]. Según el referido artículo, en 2006 se conservaban quince de estos árboles, con una posible edad de 240 años, que en 2022 han quedado reducidos a tan solo siete. El más robusto de estos ejemplares tiene un diámetro de un metro.

Ahora bien, en las mencionadas fotografías no se aprecian los olmos de Lorenzana, que deberían ser entonces muy robustos, al ser ya centenarios, sino árboles de pequeño porte, que no deberían llevar muchos años plantados. Es muy posible que los actuales olmos del paseo sean los que sustituyeron a principios del siglo XX a los anteriores una vez desaparecidos por vejez o enfermedad.

Detalle de una fotografía de Casiano Alguacil (hacia 1890),
en la que se ve el arbolado.

---

[19] Vegas Terrón, J.; «Los viejos olmos de Toledo», en *Anales toledanos*, 2006.

La misma imagen anterior en un cuadro de Arredondo de igual época.

En el plano de Reinoso (1882) se aprecia ya un conato de jardín, compuesto por una hilera de árboles paralelos al contorno del fondo del parque.

Plano de Toledo de José Reinoso (1882).

En un plano posterior se da al parque el nombre de glorieta de la puerta del Cambrón y en él aparece flanqueado por árboles en todo su perímetro.

Una prueba de que en estos terrenos había ya arbolado en 1909 es que en el mes de febrero de ese año se le denegó al ingeniero de Obras Públicas una toma de agua para regarlo (¿?). Un año después, la prensa reconocía que la puerta del Cambrón tenía un *remedo de jardincillo que hace agradable la estancia en él, sobre todo por el delicioso panorama que la vista abarca*[20].

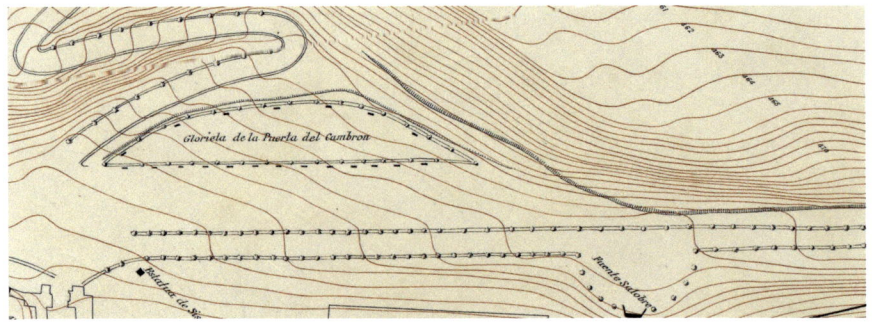

Mapa de curvas de nivel de Toledo (1900).

A pesar de ello, el periódico reconocía que estaba siempre desierto y *sólo algunos chicuelos desarrapados disfrutan por la tarde este delicioso rincón de Toledo.*

A principios de 1916 se denunció en un pleno del Ayuntamiento el mal estado en que se encontraba el jardín frente a la puerta del Cambrón, recibiéndose como respuesta que se habían plantado árboles el año anterior, pero que *todavía no hicieron trabazón los obonibus* (sic)[21].

A partir de este año, el jardín iría tomando una forma más compleja, y así se puede ver en el plano de Rey Pastor, con dos zonas claramente diferenciadas, que se han mantenido hasta hoy en día.

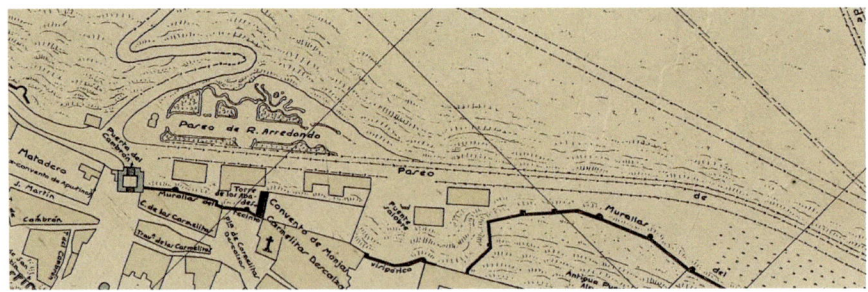

El Paseo de Arredondo en el plano de Rey Pastor (1926).

---

[20] *El Cronista*, 24 de junio de 1910.
[21] Acta de 16 de febrero de 1916.

El paseo y parque de Recaredo

En 1927, cuando todavía se conservaba el nombre de ronda, se le daba el título de *frondosa ronda del Cambrón*.

Composición del Parque

Actualmente, los dos costados de la carretera están bordeados por un seto, que se extiende a lo largo del parque hasta llegar a la puerta del Cambrón, donde termina.

La longitud del parque es de aproximadamente 340 m, siendo su máxima anchura de 150, a la altura de la fuente Salobre, donde en el terreno se produce un ensanchamiento.

La carretera divide al parque en dos partes, siendo la más antigua la de la derecha, que debió tener como origen el antiguo Jardín de Arredondo, y formada la de la izquierda en el presente siglo, alrededor de la fuente Salobre.

Parte derecha

Partiendo de la carretera y hacia el interior del parque, encontramos un seto de arbustos variados y alineados, una acera y otro seto lineal, en esta ocasión tan solo de aligustre (*Ligustrum japonicum*); ambos setos se prolongan hasta la puerta del Cambrón. En el interior del parque se distribuyen seis parterres o jardincillos rectangulares y cuatro irregulares.

Aligustre.

El primero de los setos contiene las siguientes variedades de arbustos (Fichas 1 y 2):

- Espino de fuego (*Pyracantha coccinea*).
- Fotinia (*Photinia serrulata*).
- Adelfa (*Nerium oleander*).
- Agracejo rojo (*Berberis thunbergii atropurpurea*).
- Pitosporo (*Pittosporum tobira*).
- Cotoneaster (*Cotoneaster lactea*).

A pesar del exquisito trabajo de los jardineros, este seto presenta un lamentable estado, con numerosos vacíos, al no reponerse los arbustos que se secan, castigados en 2021 por la borrasca Filomena y a continuación atacados por la cochinilla.

Uno de los pitosporos atacado por la cochinilla.

Embutidos en el seto se alzan árboles de trecho en trecho, pertenecientes a las siguientes especies (Ficha 3)[22]:

- Olmo común (Ulmus minor).
- Acacia de tres espinas (Gleditsia triacanthos)[23].

---

[22] Son un total de 15 árboles, de los que 5 son sóforas, 4 olmos, 5 acacias y una morera.

- Sófora, acacia del Japón o árbol de las pagodas (*Stignolobium japonica*).
- Morera (*Morus alba*).

En el interior del parque se encuentran seis parterres rectangulares de diferente tamaño, con su correspondiente seto, todo él de aligustre, paralelo al anterior y con diversos arbustos en su interior (Ficha 4):

- Evónimo (*Euonymus japonicus*).
- Celindo (*Philadelphus coronarius*).
- Lilo (*Syringa vulgaris*).
- Tuya (*Platycladus orientalis*).
- Forsitia (*Forsythia x intermedia*).
- Espiraea (*Spiraea hypericifolia*).

El seto tiene arbolado en su costado izquierdo, en su mayor parte sóforas, mientras que por su derecha están los parterres bordeados de plátanos de sombra (*Platanus hispánica*), olmos y una morera; en el último de ellos, árboles y seto comparten el mismo terreno.

El paseo central del parque está recorrido longitudinalmente por una hilera de olmos (*Ulmus minor*), a los que siguen sóforas, terminando rematado por un seto de aligustre con una sófora en su interior, dos plátanos de sombra y varios arbustos[24].

Los cuatro últimos jardincillos tienen una configuración diversa. En todos ellos, un seto de aligustre rodea a diversas especies de arbustos y árboles. Entre los primeros se encuentran iguales variedades que en los anteriores parterres, además de un laurel (*Laurus nobilis*) —el único que hay en el parque—. En cuanto al arbolado, parte de él está embutido en el seto y parte en el interior del

---

[23] La totalidad de las acacias son ejemplares jóvenes, excepto una, que tiene un perímetro de 2,20 metros.

[24] Hay un total de dieciséis olmos, seis de ellos de gran porte (uno tiene dos metros de circunferencia) y tres sóforas.

parterre, juntándose cipreses (*Cupressus sempervirens*), olmos (*Ulmus pumila*) y arizónicas (*Cupressus arizonica*), con un total de dieciséis ejemplares. Pasada la terraza Recaredo, un parterre alberga un bosquecillo de árboles del amor (*Cercis siliquastrum*), catorce en total y bastante deteriorados, que comparten terreno con una robinia (*Robinia pseudoacacia*), una sófora y un olmo.

Detrás de la terraza, el último parterre, con forma de elipse y presidido por la estatua de Sisenando, está cubierto de arbustos de igual clase que los de los descritos hasta ahora, pero éste incluye una mahonia (*Mahonia aquifolium*) —sólo hay dos en el parque—, un aligustre y varios rosales.

Estado actual del mirador.

Vista de la Vega desde el Mirador.

Pegada a este último parterre se encuentra la terraza Recaredo, que está rodeada por tres plátanos de sombra, una robinia y dos moreras.

En la parte posterior del parterre, que contiene los árboles del amor, se pueden ver un ciprés, un ailanto (*Ailanthus altissima*), un almendro (*Prunus dulcis*), un taray (*Tamarix gallica*) y una sófora[25].

Cierra el parque por su costado oeste un seto de aligustre, al otro lado del cual, y repartidos por el talud del rodadero que cae a la venida de la Cava, hay pinos carrascos (*Pinus halepensis*), ailantos, robinias, arizónicas, cipreses, adelfas, tuyas, olmos, evónimos, pitosporos, berberis, aligustres, y, como ejemplares curiosos, un único cedro del Himalaya (*Cedrus deodara*) y dos sabinas mora (*Tetraclinis articulata*)[26]. El seto se interrumpe para permitir el paso hacia un antiguo mirador, con espléndidas vistas sobre la vega del río Tajo.

Se echa de menos la ausencia del único algarrobo del parque, y quizá de todo Toledo, que crecía en las proximidades de la terraza y con el que terminó la borrasca en 2021.

Tocón del algarrobo y de una tuya.

---

[25] El ailanto y la sófora tienen una circunferencia que supera los dos metros.
[26] De los tres ejemplares de sabina mencionados en el libro *Plantas singulares de la ciudad de Toledo*, de Enrique García Gómez, sólo sobreviven dos, que han vuelto a brotar tras el paso de los fríos traídos por la borrasca Filomena.

Resulta lastimoso que un parque diseñado con gusto y dotado de una gran variedad de ejemplares se halle tan abandonado al no reponerse los que se encuentran en mal estado.

Trabajos de Tecnopark (Foto Sánchez Candelas).

Desde que en los años setenta del pasado siglo se realizaron los últimos trabajos por la empresa Tecnopark, no creemos que se haya hecho nada de importancia para mantener correctamente este parque.

Cuando el anuncio de la inversión de tres millones de euros en los jardines de la Vega, Sisebuto y Recaredo hacían concebir esperanzas, todo quedó en nada, al decidir el Ayuntamiento dedicar la totalidad del dinero al parque de la Vega, viéndose mejorado el de Recaredo en la plantación de tan solo tres acacias. No se dedicó cantidad alguna en mejorar los dañados setos, que habían sufrido nuevas pérdidas al reventar en el mes de diciembre de 2022 una tubería y destrozar los escasos restos que quedaban del mismo al realizar las obras de reparación.

Estado del seto tras la rotura de una tubería.

Plantas espontáneas

Siguiendo los bordillos de las aceras del paseo se puede ver una gran variedad de plantas que crecen de forma espontánea y que muchas veces llaman la atención por su configuración, sus hojas o las sencillas flores que las adornan. Aquí se ofrece una muestra de ellas.

Casi todas son medicinales, como el abrojo, un analgésico e hipotensor, empleado para tratar heridas y eccemas; el beleño, somnífero y analgésico, conocido como «hierba de las brujas» y empleado en brebajes, filtros amorosos y ungüentos; el beleño blanco, planta venenosa, para el tratamiento de la epilepsia y el insomnio; la peligrosa cicuta; la centinodia, antitusígeno y expectorante; la malva, utilizada como tisana contra la tos; urticante, con propiedades bactericidas y beneficiosa en las afecciones de la piel; rubia de los tintoreros, laxante, la raíz se utilizó para fabricar tintes de color rojo; la verrucaria, febrífugo y remedio contra las enfermedades biliares, y la verdolaga, comestible y usada contra el estreñimiento y la inflamación del sistema urinario.

José Luis Isabel

Los quioscos del Parque

Al tratarse de un paraje visitado por turistas, desde antiguo hubo en el paseo puestos de bebidas. En 1892 se autorizó la instalación de un «cajón» de bebidas y comestibles en las proximidades de la puerta del Cambrón, a cuatro metros de la cuneta de la carretera, prohibiéndose atar caballerías a los árboles.

Pasada la puerta del Cambrón, a la derecha de la carretera, hubo a partir de 1925 un establecimiento conocido como Venta de Chirón, que después de la Guerra Civil, tras sufrir varias ampliaciones, se convertiría en Casa Chirón, con restaurante y hotel, y seguidamente en restaurante Chirón, hasta su venta en 1991 a la Federación Empresarial Toledana, que instaló en él su sede.

Las solicitudes de permisos para la instalación de «gangos» o «chiringuitos» en el parque se repetía cada año en vísperas del verano. En 1971 se le denegó un puesto de refrescos a Mariano Díaz-Chirón, propietario del citado restaurante.

En 1982 se solicitó al Ayuntamiento autorización para construir un quiosco en el paseo, al que se le exigió que dispusiese de aseos, almacén del bar y servicios públicos para señoras y caballeros. El quiosco quedó embutido entre dos parterres del parque y ha sufrido diversas modificaciones desde entonces, hasta quedar convertido en la actual terraza Recaredo.

A partir de 1991, el Ayuntamiento sacó en subasta la instalación de cuatro quioscos de temporada, con sus respectivas terrazas. El volumen de la música durante la noche y la gran afluencia de vehículos terminaría con las concesiones en 1995.

El parque fue protagonista en muchas ocasiones de eventos de la ciudad: paso de la procesión del Cristo de la Vega por él en Semana Santa, fin de etapa de la Vuelta Ciclista a Toledo, lanzamiento de fuegos artificiales en la Feria de Agosto, conciertos de música antigua, exposiciones varias, mercadillos ocasionales, concursos populares y otros.

Construcción de la terraza de Recaredo.

Puerta del Cambrón

Como explicación al nombre de la puerta del Cambrón, en 2017 la Asociación Regional de Guías Oficiales de Turismo de Castilla-La Mancha y la Asociación Cultural Montes de Toledo impulsaron la plantación de cuatro cambroneras en las proximidades de la puerta, acompañadas de un panel informativo, instalado por SOLISS, en el que figura escrito lo siguiente:

Las cambroneras o cambrones (Lycium europaeum) son unos arbustos espinosos que se han utilizado históricamente como setos defensivos.

La Puerta del Cambrón se llamó así vulgarmente por una cambronera que crecía, en el siglo XVI, sobre uno de los laterales semiderruidos de la Puerta.

30 de noviembre de 2017.

FIC**H**AS

FICHAS

Espino de fuego (*Pyracantha coccinea*)

Fotinia (*Photinia*)

Adelfa (*Nerium oleander*)

Ficha 2

Agracejo rojo (*Berberis thunbergii*)

Pitosporo (*Pittosporum tobira*)

Cotoneaster

Olmo

Sófora

Morera

Acacia de tres espinas

Ficha 4

Robinia

Ciprés

Ciprés de Arizona

Árbol del amor

Ailanto

Almendro

Cedro del Himalaya

Plátano de sombra

Ficha 6

Encina

Pino carrasco

Higuera

Almez

Olivo

ÁRBUSTOS
Ficha 8

Evónimo

Celindo

Lilo

Tuya

Forshytia

Corona de novia

Laurel

Rosa jamalis

Ficha 10

Aligustre

Cambronera

Árbol de Júpiter

Cotoneaster rastrero

Durillo

Hipérico rastrero

Madroño

Olivilla

Ficha 12

Retama

Taray

Sabina mora

Granado

Mahonia

JARDINES PRÓXIMOS

Entre la puerta de Bisagra y el comienzo del paseo de Recaredo se extienden pequeños y dispersos jardines que encierran algunos de los árboles y arbustos ya mencionados: olmos, moreras, hiedra, cipreses... En el jardín más próximo a la puerta hay plantadas diversas especies de laureles, algunos de ellos alineados y paralelos al seto.

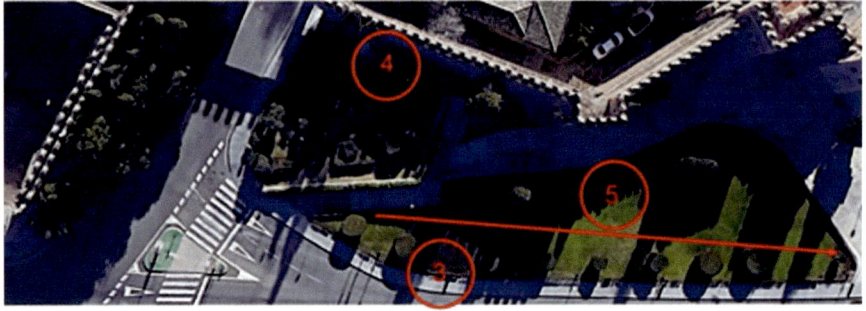

1.- Ciruelo	3.- Boj	5.- Laureles
2.- Cedro del Líbano	4.- Estatua Alfonso VI	

A su lado encontramos nuevas especies, como el ciruelo (*Prunus cesarifera*), el saúco (*Sambucus*), boj (*Buxus sempervirens*), en ocasiones formando setos y en otras con porte de arbusto, destacando un formidable ejemplar de cedro del Líbano (*Cedrus libani*).

En el derrumbadero de esta parte de la muralla, como en el resto, hay adelfas, tarayes, pinos carrasco, retama, árboles de Júpiter, evónimos y otros.

Ciruelo

Ciprés del Líbano

Laurel cerezo

Laurel común

Ficha 15

Saúco

PLANTAS ESPONTÁNEAS

Flor de la cambronera

Ficha 16

Abrojo terrestre	Acanto	Almizcleña
Amaranto rastrero	Beleño blanco	Caléndula
Cañaheja	Cardo	Centinodia
Cicuta	Diente de león	Escalonia

Geranio silvestre   Malva   Musgo

Ortiga   Rubia de tintoreros   Verónica de agua

Verdolaga   Verrucaria

VARIEDADES DE PLANTAS EXISTENTES EN EL PARQUE

Abrojo	*Tribulus terrestris*
Acacia de tres espinas	*Gleditsia triacanthos*
Acanto	*Acanthus mollis*
Adelfa	*Nerium oleander*
Agracejo rojo	*Berberis thunbergii atropurpurea*
Ailanto	*Ailanthus altissima*
Aligustre	*Ligustrum japonicum*
Almendro	*Prunus dulcis*
Almizcleña	*Erodium moschatum*
Amaranto rastrero	*Amaranthus deflexus*
Árbol del amor	*Cercis siliquastrum*
Arizónica	*Cupressus arizonica*
Beleño blanco	*Hyoscyamus albus*
Boj	*Buxus sempervirens*
Caléndula	*Calendula*
Cañaheja	*Ferula communis*
Cardo	*Carduus pycnocephalus*
Cedro del Himalaya	*Cedrus deodara*
Cedro del Líbano	*Cedrus libani*
Celindo	*Philadelphus coronarius*
Centinodia	*Polygonum aviculare*
Cicuta	*Conium maculatum*
Ciprés	*Cupressus sempervirens*
Ciruelo	*Prunus cesarifera*
Cotoneaster	*Cotoneaster lactea*
Diente de león	*Taraxacum officinale*
Escalonia	*Escallonia*
Espino de fuego	*Pyracantha coccinea*
Espirea	*Spiraea hypericifolia*
Evónimo	*Euonymus japonicus*
Forsitia	*Forsythia*
Fotinia	*Photinia serrulata*
Geranio silvestre	*Geranium pusillum*
Laurel	*Laurus nobilis*

Lilo	*Syringa vulgaris*
Mahonia	*Mahonia aquifolium*
Malva	*Malva*
Morera	*Morus alba*
Musgo	*Bryophita*
Olmo	*Ulmus pumila*
Olmo común	*Ulmus minor*
Ortiga	*Urtica*
Pino carrasco	*Pinus halepensis*
Pitosporo	*Pittosporum tobira*
Plátano de sombra	*Platanus hispánica*
Robinia	*Robinia pseudoacacia*
Rubia de tintoreros	*Rubia tinctorum*
Sabina mora	*Tetraclinis articulata*
Saúco	*Sambuco*
Sófora	*Stignolobium japonica*
Taray	*Tamarix gallica*
Tuya	*Platycladus orientalis*
Verónica de agua	*Veronica officinalis*
Verdolaga	*Portulaca oleracea*
Verrucaria	*Heliotropium europ*

AGRADECIMIENTOS

A Pablo García Élez, jardinero del Ayuntamiento, que cuidaba con esmero de los jardines de Recaredo, y que siempre contestó con agrado a las preguntas que un profano en botánica le hacía sobre las diferentes especies de plantas que encontraba en sus paseos por el Parque. Sin su ayuda este modesto trabajo no habría podido ser publicado.

A Enrique García Gómez, compañero y amigo, que se ofreció a corregir este trabajo una vez terminado, dándole el visto bueno para que pudiese ser publicado sin que nadie apreciase los escasos conocimientos del autor.

ÍNDICE